Spécialités
d'ALSACE

Saveurs d'hier et d'aujourd'hui

par

Didier ROECKEL
et son équipe

Photos de

Frédérique CLEMENT

I. D. L'Édition

Sommaire

Poissons

Accompagnements

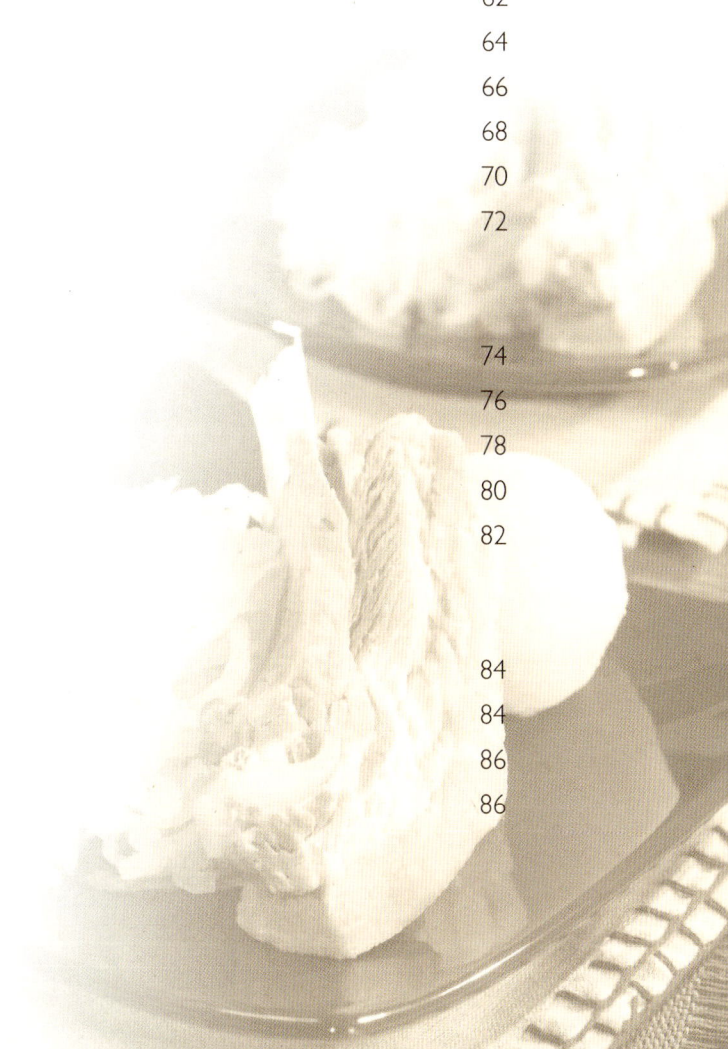

Bretzel

Préparation : 15 min
Temps de repos : 2 h
Cuisson : 15 min

6

Ingrédients pour 6 pièces

- 500 g de farine
- 20 g de levure fraîche
- 15 g de sel
- 30 cl de lait
- 30 g de beurre
- 2 jaunes d'œufs

Pour le trempage
- 1,5 l d'eau
- 40 g de bicarbonate de soude

Faire un puits dans la farine, y mettre le sel, la levure émiettée, le lait et le beurre pommade en petit morceaux. Pétrir le tout jusqu'à obtenir une pâte homogène. Former une boule et couvrir le plat d'un torchon.

Laisser reposer jusqu'à ce que la pâte ait doublé de volume.

Diviser la pâte en 6 morceaux égaux et les rouler en boudin de 50 cm de long sur 1 centimètre de diamètre.

Les façonner en bretzel.

Faire bouillir 1,5 litre d'eau avec le bicarbonate de soude.

Plonger les bretzels dans l'eau bouillante et les ressortir aussitôt.

Les mettre sur du papier sulfurisé sur une plaque allant au four.

Badigeonner de jaune d'œuf puis saupoudrer de gros sel et les cuire au four à 260°C, thermostat 9, pendant 15 minutes.

Kougelhof salé

Préparation : 1 h
Cuisson : 40 min

Ingrédients pour 6 personnes

- 500 g de farine
- 2 œufs
- 20 g de levure
- 20 cl de lait
- 100 g de beurre pommade
- 10 g de sel
- 150 g de lard
- 1 oignon
- 110 g de noix

Hacher grossièrement 30 g de noix.

Emincer finement le lard en lardons ainsi que l'oignon puis les faire cuire dans une poêle à sec jusqu'à ce que le lard blanchisse. Réserver.

Dans un saladier, mettre la farine et y faire un puits. Verser les œufs battus, la levure émiettée, le sel et le lait en filet. Pétrir le tout, puis ajouter le beurre pommade et pétrir à nouveau.

Ajouter le lard et les noix hachées et pétrir jusqu'à obtenir une pâte homogène.

Couvrir le saladier dans un endroit tiède jusqu'à ce que la pâte double de volume.

Travailler à nouveau la pâte.

Beurrer et fariner un moule à kougelhof.

Disposer le reste de noix dans le fond du moule puis déposer la pâte.

Laisser lever dans un endroit tiède jusqu'à ce que la pâte arrive à hauteur du moule.

Cuire au four 1 heure 10 à 170°C, thermostat 6.

Définition :

Beurre pommade : *Beurre à température ambiante.*

Suggestion d'accompagnement : *Vin blanc sec.*

Soupe à l'oignon

Préparation : 30 min
Cuisson : 30 min

Ingrédients pour 6 personnes

- *1 kg d'oignons*
- *3 l de bouillon de bœuf*
- *10 cl d'huile*
- *18 tranches de baguette*
- *150 g de gruyère râpé*

Faire chauffer l'huile dans une grande marmite.

Faire revenir les oignons jusqu'à coloration.

Ajouter le bouillon et laisser cuire à feu doux pendant 30 minutes.

Pendant ce temps, faire sécher les tranches de pain au four à 180°C, thermostat 6, pendant environ 5 à 6 minutes.

Servir la soupe à l'oignon, déposer les tranches de pain séchées puis saupoudrer de gruyère râpé.

Soupe de pois cassés

Préparation : 30 min
Cuisson : 1 h

Ingrédients pour 6 personnes

- *600 g de pois cassés*
- *300 g de lard fumé*
- *3 tranches de pain*
- *100 g de carottes*
- *100 g de poireau*
- *100 g d'oignons*
- *1 gousse d'ail*
- *100 g de beurre*
- *Sel, poivre*

Eplucher et couper tous les légumes.

Faire chauffer le beurre dans une grande marmite et y faire suer les légumes et les pois cassés.

Ajouter 3 litres et cuire pendant 1 heure à feu doux. Mixer le tout et assaisonner.

Dans une poêle, faire revenir les lardons et les croûtons.

Parsemer les lardons et les croûtons au dessus de la soupe.

Crème d'asperges

Préparation : 20 min
Cuisson : 20 min

6

Ingrédients pour 6 personnes

- *1 kg d'asperges blanches*
- *50 g de beurre*
- *30 cl de crème liquide*
- *Sel, Poivre*
- *Cerfeuil*

Eplucher les asperges, puis les couper en tronçons de 3 centimètres.

Faire cuire les asperges pendant 10 minutes dans 2 litres d'eau bouillante salée.

Réserver les pointes et l'eau de cuisson.

Couper le reste des asperges en petits morceaux et les faire suer dans le beurre.

Mouiller avec 1,5 litre d'eau de cuisson, puis ajouter la crème.

Saler, poivrer et mixer le tout.

Laisser cuire à feu doux pendant 10 minutes.

Mettre les pointes au fond d'une soupière puis verser le velouté.

Hacher finement le cerfeuil et le parsemer sur le velouté.

Terrine

Préparation : 45 min
Marinade : 24 h
Cuisson : 1 h 30

Ingrédients pour 1 terrine

- *300 g de chair à saucisse*
- *300 g de filet de porc haché*
- *150 g de filet de porc*
- *150 g d'escalope de dinde*
- *150 g de carottes*
- *50 g de céleri boule*
- *2 œufs*
- *10 cl de vin rouge*
- *10 cl de vin blanc*
- *15 g de sel nitrité*
- *2 bardes de lard blanc*
- *100 g de mousse de canard*

La veille

Couper les 150 g de filet de porc et l'escalope de dinde en lamelles.

Eplucher les carottes et le céleri puis les couper en julienne.

Mélanger tous les ingrédients excepté les bardes de lard et la mousse de canard.

Laisser mariner pendant 24 heures.

Le jour même

Faire un cylindre de la longueur de la terrine avec la mousse de canard et l'entourer avec de la barde.

Chemiser une terrine avec les bardes de lard blanc et les laisser déborder à l'extérieur de la terrine afin de recouvrir la farce par la suite.

Répartir 1/3 de la farce au fond de la terrine, tasser, puis déposer le cylindre de mousse de canard.

Recouvrir du reste de farce et tasser à nouveau.

Refermer la barde de lard. Couvrir d'une feuille d'aluminium puis fermer la terrine.

Chauffer le four à 180°C, thermostat 6.

Cuire au bain marie pendant 1 heure 30.

Suggestion d'accompagnement : Salade verte et crudités.

Définitions :

Julienne : Couper les légumes en bâtonnets d'environ 3 millimètres d'épaisseur sur 4 ou 5 de long.

Chemiser : Tapisser les parois d'un moule.

Salade de pot au feu

Préparation : 20 min

6

Ingrédients pour 6 personnes

- 600 g de viande
  à pot au feu cuite
- 100 g de légumes
  à pot au feu cuits
- 50 g d'oignons
- 5-6 cornichons
- 50 g de persil
- 100 g de maïs doux

Pour la vinaigrette
- 10 cl d'huile
- 5 cl de vinaigre
- 2 cl d'eau
- 1 jaune d'œuf
- 1 cuillère à soupe de
  moutarde condiment
- 1 cuillère à soupe de raifort
- Sel, poivre

Couper la viande et les légumes en petits cubes.

Hacher les cornichons et le persil. Émincer l'oignon.

Mettre tous les ingrédients dans un saladier. Ajouter le maïs.

Mixer tous les ingrédients de la vinaigrette et la verser dans un saladier.

Mélanger le tout puis servir.

Astuce : Utiliser les restes de pot au feu.

Tarte à l'oignon

Préparation : 40 min
Temps de repos : 1 h
Cuisson : 30 min

Ingrédients pour 6 personnes

Pour la pâte
- *250 g de farine*
- *125 g de beurre pommade*
- *1 pincée de sel*
- *1 œuf*
- *2 cuillères à soupe d'eau*

Pour la garniture
- *1 kg d'oignons*
- *100 g de beurre*
- *1 oeuf*
- *100 g de lardons*
- *60 g de farine*
- *3 dl de lait*
- *Sel, poivre*
- *Muscade*

Tamiser la farine et faire un puits. Verser l'œuf battu, le sel, l'eau et travailler avec une partie de la farine.

Ajouter le beurre coupé en petits morceaux et pétrir le tout.

Former une boule et laisser reposer une heure.

Eplucher puis émincer finement les oignons.

Les mettre dans une casserole avec le beurre, couvrir et laisser cuire à feu doux pendant 10 minutes.

Saupoudrer de farine, bien mélanger puis ajouter le lait. Saler, poivrer et ajouter une pincée de noix de muscade.

Faire cuire à feu doux pendant 5 minutes.

Beurrer le moule, abaisser la pâte et foncer le moule.

Mélanger l'oeuf à la préparation puis la verser sur la pâte. Avant d'enfourner, parsemer de lardons.
Faire cuire 30 minutes à 220°C, thermostat 7.

Suggestion d'accompagnement : Salade verte.

Définitions :

Beurre pommade : beurre à température ambiante.

Abaisser : Etaler la pâte.

Foncer : Tapisser le fond d'un moule avec de la pâte.

Escargots à l'alsacienne

Préparation : 15 min
Cuisson : 10 min

Ingrédients pour 6 personnes

- 6 x 12 escargots
- 300 g de beurre
- 12 g de sel
- 6 g de poivre
- 50 g de persil
- 20 g d'ail
- 30 g d'échalote
- 2 cl de Ricard
- 2 cl de sauce Worcester

Laisser le beurre à température ambiante afin d'avoir un beurre pommade.

Hacher finement l'ail, l'échalote et le persil.

Malaxer le beurre avec tous les ingrédients, exepté les escargots, jusqu'à ce que le mélange soit homogène.

Disposer les escargots dans une escargotière ou en coquilles puis couvrir de beurre.

Mettre au four à 250°C pendant 10 minutes.

Servir dès que le beurre frémit et devient mousseux.

Galettes de pommes de terre

Préparation : 20 min
Cuisson : 15 min

6

Ingrédients pour 6 personnes

- 1 kg de pommes de terre
- 2 échalotes
- 2 œufs
- 1 bouquet de persil
- 1 gousse d'ail
- Sel, poivre

Eplucher les pommes de terre puis les râper.

Les égoutter dans une passoire et les presser pour en extraire le jus.

Hacher finement le persil et émincer les échalotes. Presser l'ail.

Battre les œufs au fouet.

Saler et poivrer les pommes de terre puis mélanger tous les ingrédients.

Faire chauffer une poêle avec de l'huile.

Mettre des petits tas de pommes de terre dans la poêle et les aplatir à l'aide d'une spatule.

Les faire dorer environ 7 minutes sur chaque face.

Servir chaud.

Suggestion d'accompagnement : Salade verte.

Presskopf

Préparation : 45 min
Cuisson : 3 h 30
Temps de repos
avant dégustation : 2 jours

Ingrédients pour 1 terrine

- 1 tête de porc désossée
- 1 langue de porc
- 50 g de carottes
- 50 g de céleri
- 50 g de poireau
- 50 g de chou blanc
- 50 g de beurre
- 100 g de ciboulette
- 1 l de vin blanc

Dans une grande marmite, mettre la tête de porc, la langue, le vin blanc puis couvrir d'eau. Cuire pendant 2 heures 30.

Egoutter la viande et décanter le jus de cuisson. Le passer au chinois.

Peler la langue et couper la viande en petits morceaux.

Eplucher les légumes et les couper en petits morceaux.

Les faire revenir dans le beurre. Ajouter les morceaux de viande puis mouiller avec le jus de cuisson.

Laisser cuire 20 minutes.

Ciseler la ciboulette et l'ajouter en fin de cuisson.

Disposer la viande et les légumes dans une terrine puis ajouter le jus de cuisson à hauteur de la viande.

Mettre au réfrigérateur et laisser reposer 2 jours avant de déguster.

Suggestions d'accompagnement :
Crudités, vinaigrette et rondelles d'oignons.

Feuilleté de boudin

Préparation : 30 min
Cuisson : 25 min

Ingrédients pour 6 personnes

- 4 pâtes feuilletées
- 6 boudins noirs
- 3 pommes golden
- 1 pincée de cannelle
- 1 cuillère à café de sucre
- 2 jaunes d'œufs

Éplucher les pommes et les couper en petits morceaux.

Ajouter la cannelle et le sucre sur les pommes. Mélanger.

Découper 12 cercles de 12 centimètres de diamètre dans la pâte feuilletée.

Éplucher les boudins.

Répartir la moitié des pommes sur 6 cercles de pâte, puis ajouter un boudin et enfin le reste des pommes.

Refermer avec les 6 cercles de pâte restants, puis souder les pâtes entre elles avec le jaune d'œuf.

Badigeonner les feuilletés de jaune d'œuf à l'aide d'un pinceau.

Déposer les feuilletés individuels sur une plaque allant au four et enfourner 25 minutes à 180°C, thermostat 6.

Vérifier que les feuilletés soient bien dorés avant de servir.

Suggestion d'accompagnement : Salade verte.

Foie gras de canard

Préparation : 1 h
Temps de repos : 12 h
Cuisson : 45 min
Temps de repos avant
dégustation : 2-3jours

Ingrédients pour 6 personnes

- *1 foie gras cru de 600 g*
- *4 g de mélange d'épices à foie gras*
- *8 g de sel*
- *1 cl de Porto*
- *1 cl de Cognac*
- *1 cl de Ricard*

Pour la confiture d'oignons
- *400 g d'oignons*
- *300 g de sucre*
- *50 cl de vin rouge*
- *1 cuillère à café de mélange 4 épices*

Laisser le foie à température ambiante pendant 1 heure afin qu'il soit souple.

Ecarter les lobes du foie et dénerver en tirant doucement sur les veines.

Répartir le sel, les épices et les alcools sur le foie.

Refermer le foie et le mettre dans une terrine de taille adaptée.

Presser légèrement.

Mettre une feuille de papier aluminium à la surface du foie avant de refermer la terrine.

Laisser reposer 12 heures au réfrigérateur.

Chauffer le four à 60°C, thermostat 2.

Mettre la terrine dans un plat creux contenant de l'eau bouillante et enfourner pendant 45 minutes.

Laisser refroidir et reposer au réfrigérateur pendant 2 à 3 jours avant de déguster.

Préparation de la confiture d'oignons :

Eplucher et émincer finement les oignons.

Mettre tous les ingrédients de la confiture d'oignons dans une casserole et laisser réduire à feu doux jusqu'à ce que les oignons soient confits. Environ 1 heure 30.

Salade strasbourgeoise

Préparation : 15 min

Ingrédients pour 4 personnes

- 600 g de gruyère
- 4 cervelas
- 1 oignon
- ½ bouquet de persil
- Quelques feuilles de mesclun

Pour la vinaigrette :

- 4 cuillères à soupe d'huile
- 2 cuillères à soupe de vinaigre
- 1 jaune d'œuf
- Sel, poivre

Hacher finement le persil. Eplucher l'oignon et le couper en fines rondelles à l'aide d'une mandoline.

Faire de fines lamelles de gruyère à l'aide d'une mandoline. Tailler les lamelles en tagliatelles dans le sens de la longueur.

Eplucher les cervelas, les couper en 2 dans le sens de la longueur puis les strier dans le sens de la largeur.

Mixer tous les ingrédients de la vinaigrette.

Dresser la salade, le gruyère, le cervelas puis parsemer de persil et de rondelles d'oignons.

Définitions :

Mandoline : ustensile de cuisine servant à couper les légumes en tranches plus ou moins épaisses.

Mesclun : mélange de plusieurs variétés de salades.

Baeckeoffe

Préparation : 1 h
Cuisson : 3 h 30

Ingrédients pour 6 personnes

- 1 kg d'échine de porc
- 1 pied de porc coupé en rouelle
- 500 g d'épaule de mouton désossée
- 500 g de gîte de bœuf
- 1,5 kg de pommes de terre
- 300 g de carottes
- 1 poireau
- 200 g d'oignons
- 1 l de vin blanc
- Sel, poivre

Couper la viande en morceaux moyens, 5 à 6 centimètres.

Laver, éplucher et couper les pommes de terre, le poireau et les carottes en rondelles.

Emincer les oignons.

Beurrer le fond d'une terrine.

Répartir les oignons dans le fond, puis ajouter une couche avec la moitié des pommes de terre et une couche avec la moitié des carottes. Saler, poivrer.

Disposer la viande, les rouelles de pied de porc. Saler, poivrer.

Recouvrir des rondelles de poireau, du reste de carottes puis de pommes de terre.

Verser le vin jusqu'à hauteur de la terrine. Couvrir et faire cuire au four à 220°C, thermostat 7, pendant 3 heures 30.

Bouchées à la reine

Préparation : 35 min
Cuisson : 1 h 30

Ingrédients pour 6 personnes

Pour la viande
- 1 poule
- 500 g de paleron de veau
- 1 oignon
- 1 clou de girofle
- 1 branche de céleri
- 1 carotte
- 1 poireau
- 1 bouquet garni

Pour les champignons
- 200 g de champignons de Paris
- 40 g de beurre

Pour la sauce
- 1.5 l de bouillon de poule
- 20 cl de crème
- 1 œuf
- 90 g de beurre
- 90 g de farine
- Sel, poivre

- 6 croûtes

Faire bouillir 3 à 4 litres d'eau dans une grande marmite.

Eplucher l'oignon et y planter un clou de girofle. Eplucher une carotte, nettoyer le céleri et le poireau. Ajouter tous les ingrédients de la viande dans le bouillon.

Ajouter la poule et le paleron. Ecumer régulièrement. Laisser cuire 1h15 à petits bouillons.

Retirer la viande et la laisser refroidir. Réserver le bouillon.

Désosser la viande et la couper en petit morceaux.

Laver les champignons et les émincer.

Faire fondre le beurre dans une poêle. Ajouter les champignons et les faire revenir pendant 5 minutes. Saler, poivrer, puis réserver en fin de cuisson.

Préparer un roux. Pour cela, faire fondre le beurre dans une casserole, ajouter la farine et mélanger jusqu'à coloration. Ajouter petit à petit le bouillon et laisser réduire 10 minutes.

Ajouter la viande et les champignons. Réduire le feu pour qu'il n'y ait plus d'ébullition.

Battre le jaune d'œuf avec la crème puis verser dans la sauce pour la lier.

Mélanger.

Chauffer le four à 180°C, thermostat 6. Faire chauffer les croûtes pendant 5 minutes.

Verser la préparation dans les croûtes puis servir.

Suggestion d'accompagnement : *Riz, Spaetzle.*

Fleischnaka

Préparation : 1 h 30
Cuisson : 20 min

Ingrédients pour 6 personnes

- 600 g de viande
à pot au feu cuite
- 200 g de légumes
à pot au feu cuits
- 2 œufs
- 200 g de persil
- 2 cuillères à soupe d'huile d'huile
- 50 cl de bouillon de volaille
- 10 cl de vin blanc
- 1 feuille de laurier

Pour la pâte

- 500 g de farine
- 5 œufs
- 1 cuillère à soupe de vinaigre
- Sel

Mettre la farine tamisée dans un cul de poule. Creuser un puits et verser les œufs battus. Ajouter le vinaigre et une pincée de sel. Pétrir le tout jusqu'à l'obtention d'une pâte homogène, lisse et ferme. Laisser reposer 20 minutes.

Hacher la viande, les légumes et le persil.

Mélanger le tout en ajoutant 2 œufs. Rectifier l'assaisonnement si nécessaire.

Abaisser la pâte en rectangle d'une épaisseur de 2 millimètres.

Répartir la farce sur la pâte en prenant soin de laisser un centimètre vierge pour souder la pâte.

Rouler la pâte en la serrant et souder le centimètre de pâte au rouleau avec un peu d'eau.

Couper en tronçons de 2 centimètres.

Faire chauffer l'huile dans une cocotte en fonte et faire dorer les portions de chaque côté.

Ajouter le bouillon, le vin, le laurier et laisser cuire une dizaine de minutes.

Suggestion d'accompagnement : Quenelles de moelle.

Définition :

Abaisser : Etaler la pâte.

Astuce : Utiliser les restes de pot au feu.

Rognons blancs au Riesling

Préparation : 20 min
Cuisson : 30 min
Trempage : 24 h

6

Ingrédients pour 6 personnes

- 3 paires de rognons blancs
- 1 litre de lait
- 200 g de champignons de Paris
- 15 g d'échalote
- 15 g d'ail
- 30 cl de crème fraîche
- 20 cl de Riesling
- 30 cl de fond de veau
- Sel, poivre

Couper les rognons blancs dans le sens de la longueur, les laver à l'eau froide puis les tremper dans le lait pendant 24 heures.

Le lendemain, émincer les rognons en tronçons de 1 cm.

Emincer les échalotes et les champignons.

Poêler les rognons à feu vif pendant 3 minutes dans 1 noisette de beurre. Réduire le feu puis ajouter les échalotes, l'ail écrasé et les champignons. Laisser fondre pendant environ 8 minutes jusqu'à réduction du jus de cuisson.

Déglacer au Riesling, laisser réduire puis ajouter la crème fraîche et le fond de veau.

Laisser cuire 10 minutes à feu doux.

Définition :

Déglacer : dissoudre les sucs caramélisés de cuisson avec un liquide.

Suggestion d'accompagnement : Accompagner de riz ou de pâtes.

Vin : Riesling.

Cotis salés, navets confits

Préparation : 20 min
Cuisson : 1 h 40

- 1,5 kg de navets salés
- 2 kg de cotis salés
- 700 g de pommes de terre
- 100 g d'oignons
- 50 cl de vin blanc
- 5 gousses d'ail
- 2 feuilles de laurier
- 3 clous de girofle
- 1 cuillère à soupe d'huile ou de saindoux

Cuire les cotis salés dans de l'eau pendant 1 heure.

Réserver le jus de cuisson.

Laisser refroidir et détailler en portions identiques.

Eplucher les pommes de terre.

Emincer les oignons puis les faire revenir dans l'huile.

Ajouter la moitié des navets, les clous de girofle, le laurier et les gousses d'ail pressées puis couvrir avec le reste de navets.

Mouiller à hauteur des navets avec le vin blanc et le jus de cuisson des cotis, ajouter les pommes de terre puis cuire à couvert pendant 30 minutes.

Surlawerlas

Préparation : 20 min
Cuisson : 25 min

Ingrédients pour 6 personnes

- 650 g de foie de porc
- 100 g de lardons
- 2 oignons
- 25 cl de vin blanc
- 80 g de beurre
- 10 cl de vinaigre
- 10 cl de fond de veau
- 10 g de farine
- 1 bouquet garni
- Sel, poivre

Couper le foie en morceaux réguliers.

Hacher les oignons et les faire dorer.

Ajouter les morceaux de foie et les lardons et faire revenir dans le beurre.

Saupoudrer de farine et laisser colorer.

Mouiller avec le fond de veau et le vin blanc.

Ajouter le bouquet garni. Saler, poivrer.

Laisser mijoter à feu doux pendant 25 minutes.

Ajouter le vinaigre, mélanger, vérifier la cuisson et rectifier l'assaisonnement si nécessaire.

Suggestion d'accompagnement : Salade verte, spaetzle

Civet de cerf

Marinade : 24 h
Préparation : 20 min
Cuisson : 1 h 30

6

Ingrédients pour 6 personnes

- 1.5 kg d'épaule de cerf

Pour la marinade
- 1 l de vin rouge
- 3 cuillères à soupe d'huile
- 1 oignon
- 3 échalotes
- 2 carottes
- 6 baies de genièvre
- 12 grains de coriandre
- 10 grains de poivre
- 1 bouquet garni
- 1 cuillère à soupe de poivre mignonnette

Pour la cuisson
- 50 g de beurre
- 1 cuillère à soupe d'huile
- 1 oignon
- 1 feuille de laurier
- 50 g de farine
- Sel, poivre

La veille

Couper la viande en cubes de 4 centimètres de côtés.

Eplucher l'oignon, les échalotes et les carottes puis les couper grossièrement.

Mélanger la viande et les légumes avec le reste des ingrédients de la marinade.

Laisser mariner 24 heures au frais.

Le lendemain

Egoutter la viande.

Passer la marinade au chinois, et conserver 50 cl de jus.

Emincer l'oignon.

Faire chauffer l'huile et le beurre et y faire revenir la viande.

Ajouter l'oignon puis saupoudrer de farine.

Mouiller avec le jus puis ajouter 25 cl d'eau.

Saler, poivrer.

Couvrir et laisser cuire à feu doux pendant 1 heure.

Suggestion d'accompagnement : Spaetzle.

Faisan à la choucroute

Préparation : 20 min
Cuisson : 1 h 30

Ingrédients pour 6 personnes

- *1 kg de choucroute*
- *1 oignon*
- *400 g de lard fumé*
- *25 cl de vin blanc*
- *10 cl d'eau*
- *15 cl de Cognac*
- *2 feuilles de laurier*
- *2 clous de girofle*
- *5 baies de genièvre*
- *50 g de beurre*
- *12 suprêmes de faisan*
- *Sel, poivre*

Rincer la choucroute à l'eau froide puis à l'eau tiède. Egoutter.

Emincer l'oignon.

Détailler le lard en gros lardons.

Faire colorer l'oignon et les lardons dans une cocote.

Une fois colorés, couvrir de choucroute, ajouter les épices puis ajouter le vin, l'eau et le Cognac.

Laisser cuire une heure à feu doux.

Faire chauffer une poêle avec le beurre et une cuillère à café d'huile puis poêler les suprêmes 3 minutes de chaque côté.

Trancher les suprêmes pour servir.

Estomac de porc farci

Préparation : 1 h 15
Cuisson : 1 h 30

6

Ingrédients pour 6 personnes

- 1 estomac de porc
- 400 g de chair à saucisse
- 100 g d'escalope de dinde
- 100 g d'escalope de veau
- 150 g de glaçons
- 100 g de carottes
- 100 g de céleri
- 100 g de navets
- 100 g de poireau
- 200 g de pommes de terre
- 1 l de fond de veau
- 30 cl d'eau
- 30 cl de vin blanc
- Sel, poivre

Éplucher et laver les légumes puis les couper en dés d'1 centimètre de côté.

Les blanchir dans un grand volume d'eau bouillante pendant 5 minutes.

Laver l'estomac de porc et frotter l'intérieur avec du gros sel. Le sécher.

Hacher la viande de porc, de dinde et de veau avec les glaçons.

Mélanger la viande hachée et les légumes. Saler, poivrer.

Farcir l'estomac puis coudre l'ouverture.

Pocher l'estomac farci dans un gros volume d'eau bouillante pendant 1 heure.

Une fois l'estomac poché, le mettre dans un plat haut. Verser le fond de veau, l'eau et le vin puis enfourner pendant 30 minutes à 180°C. Le jus de cuisson doit arriver à mi-hauteur de l'estomac farci.

Le dresser dans un plat et verser la sauce dessus.

Suggestion d'accompagnement : salade verte.

Choucroute

Préparation : 25 min
Cuisson : 1 h 30

Laver la choucroute à l'eau froide, l'égoutter et la presser pour en extraire l'eau.

Mettre l'ail, le laurier et les épices dans un petit tissu et le fermer à l'aide de ficelle alimentaire.

Emincer l'oignon. Faire fondre le saindoux dans une grande marmite et faire revenir les oignons. Ajouter la moitié de la choucroute, puis la palette, le lard, les jambonneaux et le sachet d'épices. Couvrir avec le reste de choucroute. Mouiller avec le vin blanc, et ajouter de l'eau jusqu'à hauteur. Saler légèrement et poivrer.

Laisser cuire avec le couvercle et à feu doux pendant 1 h 30 en surveillant qu'il y ait toujours du liquide dans le fond de la marmite.

Eplucher les pommes de terre. Les ajouter au dessus de la choucroute 30 minutes avant la fin de la cuisson.

Faire bouillir une casserole d'eau. À ébullition, ajouter les saucisses de Strasbourg et de Montbéliard, couvrir et retirer du feu. Laisser dans l'eau chaude pendant 10 à 15 minutes.

Info : La choucroute se déguste bien craquante et blanche ou légèrement dorée et attachée dans le fond de la marmite selon les goûts de chacun.

Boissons : Vin blanc d'Alsace ou bière.

Définition :

Mouiller : ajouter un liquide.

Truc et astuce : Réaliser une tourte à la choucroute avec les restes.

Ingrédients pour 6 personnes

- 2 kg de choucroute
- 1 oignon
- 100 g de saindoux
- 1 feuille de laurier
- 50 cl de Riesling
- 1 gousse d'ail
- 10 baies de genièvre
- 4 graines de coriandre
- Sel, poivre

- 1 palette de porc salée
- 6 saucisses de Strasbourg
- 6 saucisses de Montbéliard
- 400 g de lard fumé
- 400 g de lard salé
- 3 petits jambonneaux
- 6 pommes de terre moyennes

Tarte Flambée

Préparation : 35 min
Cuisson : 3-4 min
Temps de repos : 1 h

4

Ingrédients pour 4 personnes

Pour la pâte
- 500 g de farine
- 250 g d'eau
- 10 g de levure boulangère
- 2 cuillères à soupe d'huile
- 1 pincée de sel

Pour la crème
- 1 kg de fromage blanc à 0%
- ½ l de crème fraîche
- 10 cl d'huile de colza
- 1 œuf
- ½ cuillère à café d'ail semoule
- Sel, poivre
- 1 pincée de muscade

Pour la garniture
- 2 oignons
- 300 g de lard

Diluer la levure dans un peu d'eau tiède.

Tamiser la farine, creuser un puits et ajouter le reste des ingrédients de la pâte.

Pétrir le tout jusqu'à avoir une pâte homogène. Former une boule, couvrir d'un torchon et laisser reposer pendant 1 h.

Mélanger tous les ingrédients de la crème au fouet.

Emincer les oignons.

Couper le lard en lardons très fin.

Prendre 200 g de pâte et l'abaisser en un rectangle le plus fin possible.

Répartir une louche de fromage sur l'abaisse, y disposer les oignons et les lardons.

Faire cuire 3-4 minutes dans un four chaud à 250°C, thermostat 8.

Suggestion d'accompagnement : Salade verte.

Définitions :

Abaisser : Etaler la pâte.

Abaisse : Pâte étalée.

Variante : Ajouter des champignons de Paris émincés, ou du gruyère râpé…

Kassler

Préparation : 15 min
Cuisson : 35 min

4

Ingrédients pour 4 personnes

- 800 g de kassler
  ou de collet fumé
- 1 oignon
- 4 clous de girofle
- 2 gousses d'ail
- 2 carottes
- 1 bouquet garni

Eplucher les carottes l'ail et l'oignon.

Piquer les clous de girofle dans l'oignon.

Mettre la viande et tous les ingrédients dans une casserole. Couvrir d'eau.

Porter l'ébullition puis cuire à feu doux pendant 35 minutes.

Suggestion d'accompagnement : Salade de pommes de terre.

Cocotte au munster

Préparation : 15 min
Cuisson : 20 min

Ingrédients pour 4 personnes

- *1 munster de 450 g*
- *20 cl de crème fleurette*
- *20 cl de gewurztraminer*
- *Poivre*

Couper le munster en petits morceaux.

Le répartir dans 4 cocottes individuelles.

Répartir le vin et la crème. Poivrer.

Enfourner pendant 15 minutes à 200°C, thermostat 6,5.

Suggestion d'accompagnement : Salade verte et pommes de terre sautées

Définition :

Crème fleurette : Crème liquide à 35% de matières grasses.

Croustillant de pied de porc

Préparation : 1 h30
Temps de repos : 12 h
Cuisson : 2 h30

Ingrédients pour 6 personnes

- *2 pieds de porc*
- *1 l de vin rouge*
- *50 cl d'eau*
- *1 cuillère à soupe d'arôme patrelle (facultatif)*
- *1 bouquet garni*
- *1 gousse d'ail*
- *10 g de concentré de tomates*
- *Sel, poivre mignonnette*

- *300 g de choucroute*
- *½ oignon*
- *10 cl de vin blanc*
- *20 g d'échalotes*
- *500 g de crépine de porc*
- *12 feuilles de brick*
- *100 g de poitrine de porc salé cuite*

Dans une grande casserole, mettre les pieds de porc, le vin, l'eau, l'arôme patrelle, le bouquet garni, l'ail et le concentré de tomates. Saler, poivrer et mélanger le tout.

Laisser cuire à couvert et à feu doux jusqu'à ce que la chair tombe des os. Environ 2 heures.

Éplucher et émincer l'oignon. Le faire fondre dans une cuillère à café d'huile.

Ajouter la choucroute, le vin blanc et de l'eau à hauteur du chou puis cuire à feu doux pendant 1 heure.

Mettre une feuille de papier sulfurisé au fond d'un plat.

À chaud, désosser les pieds de porc et plaquer la chair dans le plat chemisé de papier sulfurisé.

Faire durcir au réfrigérateur pendant 12 heures.

Lorsque les pieds de porc désossés sont durcis, les couper en petits morceaux de 2 centimètres sur 2.

Hacher les échalotes et détailler la poitrine de porc cuite en petits morceaux.

Faire revenir les échalotes et la poitrine de porc dans une cuillère à soupe d'huile.

Mélanger les dés de pieds de porc, la choucroute, les échalotes et la poitrine de porc.

Diviser votre préparation en 12 portions identiques.

Réaliser un cylindre avec chaque portion et l'envelopper fermement de crépine puis dans la feuille de brick.

Graisser une plaque et y déposer les cylindres.

Mettre au four à 180°C, thermostat 6, pendant 10 minutes.

Suggestions d'accompagnement : Pommes de terre sautées et salade verte

Définition :

Chemiser : Tapisser le fond d'un moule.

Jambonneau au munster

Préparation : 25 min
Cuisson : 2h30

6

Ingrédients pour 6 personnes

- *6 jambonneaux ou jarrets de porc salés*
- *50 cl de vin rouge*
- *20 cl de fond de veau*
- *300 g de munster*
- *20 cl de crème fleurette*
- *Sel, poivre*

Assaisonner les jarrets. Dans une cocotte chaude, faire griller les jarrets sur toutes les faces puis mouiller avec le fond de veau et le vin.

Enfourner pendant 2 heures 30 à 150°C, thermostat 5.

Vérifier la cuisson. Le jarret doit être fendu.

Faire bouillir la crème fleurette et la retirer aussitôt du feu.

Ajouter le munster coupé en morceaux et mixer jusqu'à ce que la crème soit homogène.

Servir.

Définition :

Crème fleurette : *crème fraîche liquide à 35 % de matières grasses.*

Suggestion d'accompagnement : *Pommes de terre sautées.*

Tête de veau sauce gribiche

Préparation : 1 h 30
Cuisson : 2 h 45
Trempage : 2 h

Ingrédients pour 6 personnes

Pour la viande

- 1.5 kg de tête de veau
- 500 g de langue de veau
- 6 carottes
- 2 poireaux
- 2 oignons
- 1 pincée de sel nitrité ou sel rose

Pour la garniture

- 6 gros cornichons
- 1 tomate
- 6 œufs
- 6 cuillères à café de câpres
- 24 olives noires
- 2 oignons

Pour la sauce gribiche

- 5 cl de vinaigre
- 15 cl d'huile
- 1 cuillère à soupe de moutarde condiment
- 2 cornichons
- 1 cuillère à soupe de câpres
- 1 échalote
- 2 œufs
- Sel, poivre

Nettoyer la langue de veau, enlever les glandes.

Mettre la tête de veau et la langue dans une grande quantité d'eau avec une pincée de sel nitrité et porter à ébullition.

Rafraichir, retirer la peau de la langue, et couper la viande en gros morceaux.

Eplucher les carottes et les couper en tronçons de 2 centimètres.

Nettoyer les poireaux et les couper en tronçons de 10 centimètres.

Couper les oignons en 4.

Mettre la viande, les légumes et le bouquet garni dans une grande marmite. Recouvrir d'eau, couvrir la casserole et laisser cuire 2 heures à feu doux.

Préparation de la sauce gribiche :

Faire bouillir de l'eau pour cuire les 2 œufs durs. Plonger les œufs dans l'eau bouillante et les faire cuire pendant 9 minutes. Les rafraichir et les écaler.

Hacher finement l'échalote, les cornichons, les câpres et les œufs durs.

Mixer l'huile, le vinaigre, la moutarde, le sel et le poivre.

Ajouter l'échalote, les cornichons, les câpres et les œufs hachés. Mélanger.

Après cuisson, dresser dans un plat avec la garniture et servir avec une sauce gribiche.

Info : Le sel nitrité ou sel rose permet à la viande de garder une couleur rose.

Définition :

Ecaler : enlever la coquille des œufs durs.

Coquelet au Riesling

Préparation : 30 min
Cuisson : 30 min

Ingrédients pour 6 personnes

• 3 coquelets
• 400 g de champignons de Paris
• 200 g d'oignons grelots
• 150 g de lardons
• 50 cl de vin blanc (Riesling)
• 50 cl de crème liquide
• 50 cl de fond de volaille
• 10 cl d'huile
• 50 g de beurre

Eplucher les oignons et couper les champignons en 4.

Faire chauffer une cocotte avec l'huile et le beurre. Y faire revenir les coquelets sur chaque flanc ainsi que sur le dos et le ventre. Réserver les coquelets et enlever l'excédent de graisse de la cocotte.

Faire revenir les oignons, les champignons et les lardons. Saler légèrement et poivrer.

Déglacer avec le vin blanc, ajouter le fond de volaille, la crème et les coquelets.

Couvrir et laisser cuire 30 minutes à feu doux.

Vérifier la cuisson des coquelets. Pour cela, piquer les coquelets et pencher-les. Si le jus qui s'écoule est translucide, les coquelets sont cuits. S'il reste du sang dans le jus, prolonger la cuisson.

Suggestion d'accompagnement : Spaetzle.

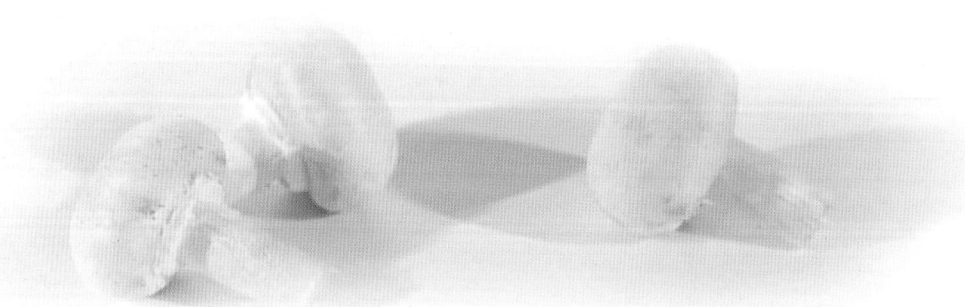

Joues de porc confites

Préparation : 1 h
Saumure : 24 h
Cuisson : 3 h

6

Ingrédients pour 6 personnes

• 1,5 kg de joues de porc

• 1 kg de graisse d'oie

Pour la saumure

• 2 feuilles de laurier

• 30 g de gros sel

• 2 gousses d'ail

• 6 baies de genièvre

• 2 clous de girofle

Pour la crème de raifort

• 50 g de raifort

• 20 cl de crème liquide

• 10 cl de fond de veau

La veille

Dans une grande cocotte, mettre les joues de porc, la graisse d'oie et tous les ingrédients de la saumure.

Mélanger, couvrir et réserver au frais pendant 24 heures.

Le jour même

Faire confire à feu très doux pendant 3 heures.

Mélanger tous les ingrédients de la crème.

En fin de cuisson, servir les joues de porc accompagnées de la crème de raifort.

Astuce : À défaut de graisse d'oie, utiliser du saindoux.

Suggestions d'accompagnements : Choucroute ou galettes de pommes de terre

Roosbif

Préparation : 30 min
Marinade : 72 h
Cuisson : 2 h 30

6

Ingrédients pour 6 personnes

- 2 kg de longe de cheval
- 50 g de carottes
- 50 g de poireaux
- 50 g d'oignons
- 3 gousses d'ail
- 1 bouquet garni
- 20 g de poivre mignonnette
- 2 l de vin rouge
- 1 cuillère d'huile
- 50 g de farine

3 jours avant

Eplucher les carottes, nettoyer le poireau puis les couper en rondelles.

Eplucher puis émincer l'oignon.

Dans un saladier, mettre la viande, les légumes, le poivre mignonnette et le vin.

Faire mariner pendant 72 heures au réfrigérateur.

Le jour même

Egoutter la viande et les légumes. Réserver la marinade.

Faire chauffer une cuillère à soupe d'huile dans une cocotte puis faire revenir la viande avec coloration sur toutes les faces.

Retirer la viande et ajouter les légumes. Les faire suer.

Remettre la viande, saupoudrer 50 g de farine puis mouiller avec la marinade.

Ajouter le bouquet garni et l'ail. Saler, poivrer.

Faire cuire la viande à couvert et à feu doux pendant 2 heures 30.

Couper la viande en fines tranches et napper de sauce.

Suggestion d'accompagnement : Salade de pommes de terre.

Tourte à la choucroute

Préparation : 30 min
Cuisson : 45 min

Ingrédients pour 6 personnes

* I kg de chou à choucroute cuite
* 500 g de viande
(saucisses, knack, lard, collet, ...)
à choucroute cuite
* 2 pâtes feuilletées
* 2 œufs

Couper la viande et les saucisses en morceaux.

Mélanger le chou, les morceaux de viande et un œuf.

Répartir le mélange sur une pâte puis recouvrir de la seconde pâte.

Souder les 2 pâtes entre elles à l'aide de jaune d'œuf et appuyer avec les doigts pour bien sceller.

Découper une cheminée au centre de la tourte.

Badigeonner le jaune d'œuf sur le feuilletage.

Enfourner à 180°C, thermostat 6 pendant 45 minutes.

Astuce : Accommoder les restes de la choucroute.

Suggestion d'accompagnement : Salade verte.

Pot au feu

Préparation : 30 min
Cuisson : 2 h 30

6

Ingrédients pour 6 personnes

- *500 g de plat de côtes*
- *500 g de macreuse*
- *1 kg de paleron*
- *3 os à moelle*
- *1 oignon*
- *1 bouquet garni*
- *1 petit chou blanc*
- *6 carottes*
- *1 céleri*
- *4 poireaux*
- *2 navets jaunes*
- *1 clou de girofle*

Eplucher les carottes, le céleri et les navets.

Couper les carottes en tronçons de 4 cm. Couper les navets en quatre et le céleri en morceaux.

Nettoyer les poireaux et les couper en deux. Nettoyer et couper le chou en quatre.

Piquer un clou de girofle dans un oignon non épluché.

Mettre la viande et les légumes dans une grande casserole. Couvrir d'eau et porter à ébullition. Saler, poivrer.

Ecumer la mousse qui se forme à la surface.

Laisser cuire 2 heures 30. Une demi-heure avant la fin de la cuisson, ajouter les os à moelle.

Truc et astuce : Réaliser une grande quantité de pot au feu et faire une salade de pot au feu ou des fleichnakas avec les restes.

Quenelles de foie

Préparation : 15 min
Cuisson : 30 min
Trempage : 24 h

Ingrédients pour 6 personnes

- 500 g de foie de porc
- 125 g de lard fumé
- 250 g de graisse de veau (rognon)
- 150 g de semoule
- 30 g de persil
- 2 œufs
- Sel, poivre
- 50 g de beurre

Mixer le foie, le lard, l'oignon, le persil et la graisse au robot.

Ajouter les œufs, la semoule et assaisonner.

Mélanger à la spatule pour rendre le mélange homogène.

Former les quenelles à l'aide de 2 cuillères à soupe.

Faire bouillir 3 litres d'eau salée.

Pocher les quenelles pendant 10 minutes. Dès qu'elles remontent à la surface, les égoutter et les réserver.

Les poêler dans le beurre juste avant de servir.

Suggestions d'accompagnement : Salade verte et pommes sautées.

Carpe frite

Préparation : 30 min
Cuisson : 20 min

Ingrédients pour 6 personnes

- 1 carpe
- 3 œufs
- 150 g de semoule
- Sel, poivre
- 3 citrons

Ecailler et vider la carpe.

La couper en tranches de 2 centimètres d'épaisseur.

Saler et laisser reposer pendant 20 minutes.

Sécher avec du papier absorbant.

Faire chauffer un bain de friture.

Battre les œufs. Saler, poivrer.

Passer les tranches de carpe dans l'œuf puis dans la semoule.

Les plonger dans le bain de friture pendant 10 minutes.

Servir immédiatement accompagnées des citrons coupés en quartiers.

Suggestions d'accompagnement : Pommes de terre vapeur, salade verte, mayonnaise.

Matelote de poissons

Préparation : 1 h 30
Cuisson : 20 min

Ingrédients pour 6 personnes

- *500 g de brochet*
- *500 g de sandre*
- *1 kg d'anguille*
- *200 g d'oignons grelots*
- *300 g de champignons de Paris*
- *50 cl de vin blanc*
- *50 cl de crème fraîche*
- *1 jaune d'œuf*

Ecailler, vider et couper vos poissons en darnes de 4 centimètres.

Emincer les champignons.

Faire sauter vos morceaux de poissons dans une sauteuse avec du beurre 3 minutes sur chaque face.

Déglacer au vin blanc puis réserver le poisson dans un four chaud à 60°C, thermostat 2.

Ajouter les oignons, les champignons et la crème. Saler, poivrer.

Laisser réduire de moitié puis lier la sauce avec le jaune d'œuf.

Dresser le poisson puis verser la sauce sur le poisson.

Suggestion d'accompagnement : Nouilles fines ou tagliatelles.

Sandre au Riesling

Préparation : 20 min
Cuisson : 20 min

4

Ingrédients pour 4 personnes

- 4 filets de sandre
- 1 échalote
- 100 g de champignons de paris
- 30 cl de vin blanc (Riesling)
- 30 cl de crème fraîche
- 50 g de beurre
- 30 cl de fumet de poisson
- 3 cuillères à soupe de farine
- Sel, poivre

Emincer l'échalote et les champignons.

Fariner le poisson sur chaque face.

Faire fondre la moitié du beurre dans une cocotte allant sur la plaque de cuisson et au four. Y faire colorer les filets sur chaque face. Réserver.

Ajouter le reste du beurre et faire suer les échalotes et les champignons.

Mettre le poisson dessus, déglacer au vin blanc, ajouter le fumet de poisson et la crème. Saler, poivrer.

Mettre au four chaud à 180°C, thermostat 6, pendant 10 minutes.

Dresser le poisson. Faire réduire le jus de cuisson si nécessaire jusqu'à napper le dos d'une cuillère.

Napper le poisson.

Définitions :

Déglacer : dissoudre les sucs caramélisés de cuisson avec un liquide.

Faire suer : faire rendre l'eau des aliments.

Suggestion d'accompagnement : Accompagner de nouilles fines ou de pommes de terre vapeur.

Vin : riesling.

Choucroute au poisson

Préparation : 30 min
Cuisson : 1 h 30

6

Ingrédients pour 6 personnes

- 1.2 kg de chou à choucroute
- 1 oignon
- 10 g de cannelle en poudre
- 10 cl de vin blanc
- 12 pommes de terre
- 10 cl d'huile
- 6 moules d'Espagne
- 6 filets de rouget
- 6 x 100 g de haddock fumé
- 6 x 100 g de sandre
- 6 noix de Saint-Jacques
- 6 gambas

Pour le beurre blanc
- 50 g d'échalotes
- 20 cl de vin blanc
- 200 g de beurre
- Sel, poivre

Mélanger le chou à choucroute et la cannelle.

Eplucher et émincer l'oignon.

Dans une casserole, faire chauffer une cuillère à soupe d'huile puis faire revenir l'oignon émincé.

Ajouter la choucroute, mouiller à hauteur avec de l'eau et cuire à feu doux pendant 1 heure 30.

Au bout d'une heure, ajouter les pommes de terre pelées.

Nettoyer les moules d'Espagne.

Après 1 heure 20 de cuisson, ajouter le haddock et les moules.

Pendant ce temps, faire chauffer l'huile dans une poêle et cuire le sandre et le rouget à l'unilatérale pendant 7 minutes et poêler les gambas et les Saint-Jacques 2 minutes de chaque côté.

Pour le beurre blanc

Eplucher et ciseler les échalotes puis les faire suer dans 50 g de beurre sans coloration.

Mouiller avec le vin blanc et laisser réduire de moitié.

Ajouter le reste du beurre puis émulsionner au mixeur.

Cordon bleu de Sandre

Préparation : 20 min
Cuisson : 45 min

Ingrédients pour 6 personnes

- 6 pavés de sandre
  de 180 g avec peau
- 6 fines tranches de lard
- 6 fines tranches de gruyère

Pour la parure

- 4 cuillères à soupe de farine
- 1 œuf
- 4 cuillères à soupe
  de poudre d'amandes

Pour la sauce

- 150 g d'échalotes
- 50 cl de pinot noir
- 30 g de margarine
- 30 cl de fond de veau
- 20 cl de Noilly Prat
- 100 g de beurre

Ciseler les échalotes et les faire suer dans une cuillère à soupe d'huile.

Mouiller avec le vin, le Noilly Prat et le fond de veau. Faire réduire de moitié.

Ajouter le beurre en petits morceaux. Mixer puis passer au chinois.

Couper le sandre en deux, façon portefeuille.

Y déposer les tranches de lard puis de gruyère. Refermer.

Paner le sandre sur toutes les faces dans la farine, puis dans l'œuf et enfin dans la poudre d'amande.

Colorer rapidement le sandre sur chaque face dans une poêle huilée et chaude.

Finir la cuisson au four à 180°C, thermostat 6, pendant 10 minutes.

Suggestion d'accompagnement : pommes de terre vapeur.

Définitions :

Chinois : passoire à trous très fins servant au filtrage des liquides.

Mouiller : ajouter un liquide.

Faire suer : faire rendre l'eau des aliments.

Spaetzle

Préparation : 20 min
Cuisson : 5 min

Mélanger tous les ingrédients avec une spatule en bois jusqu'à ce que le mélange soit homogène.

Former les spaetzle en les passant sur la râpe à spaetzle ou en les découpant au couteau en petits morceaux de 3 centimètres de long sur 5 millimètres de large.

Faire bouillir une grande quantité d'eau.

Plonger les spaetzle dans l'eau et les retirer dès qu'ils remontent à la surface.

Les spaezle peuvent également être poêlés après cuisson.

Ingrédients pour 6 personnes

* 500 g de fleur de farine
* 5 œufs
* 25 cl de lait
* Muscade
* Sel, poivre

Quenelles de fromage blanc

Préparation : 20 min
Cuisson : 10 min

Mélanger le fromage blanc, les oeufs, la muscade, le sel et le poivre avec une spatule en bois. Ajouter la farine et mélanger jusqu'à ce que l'appareil soit homogène.

Avec le mélange, réaliser des quenelles à l'aide de deux cuillères à soupe.

Faire bouillir une grande quantité d'eau dans une casserole.

Plonger les quenelles dans l'eau bouillante. Dès qu'elles remontent à la surface, compter 5 minutes de cuisson supplémentaires. Les sortir de l'eau à l'aide d'une écumoire puis les mettre dans un bol d'eau glacée.

Les réserver sur un torchon sec et les faire sécher 15 minutes.

Rouler les quenelles dans la chapelure et les poêler dans un beurre noisette.

Truc : La fleur de farine peut être remplacée par de la farine tamisée.

Ingrédients pour 6 personnes

* 250 g de fromage blanc
* 500 g de fleur de farine
* 5 œufs
* Muscade
* Chapelure
* Sel, poivre

Dampfnudel

Préparation : 1 h 30
Temps de levée : 5 h
Cuisson : 10 min

Ingrédients pour 6 personnes

- *400 g de farine*
- *18 cl de lait*
- *15 g de sucre*
- *2 œufs*
- *60 g de beurre pommade*
- *10 g de levure boulangère*
- *10 cl d'huile d'arachide*

Former un puits dans la farine. Y verser le lait, le sucre, les œufs battus et la levure émiettée. Pétrir la pâte en la repliant sur elle-même jusqu'à ce qu'elle soit bien homogène. Incorporer le beurre pommade et pétrir jusqu'à ce que la pâte soit lisse et homogène.

Mettre la pâte dans un saladier et la réserver dans un endroit tiède. Lorsqu'elle a doublée de volume, environ 2 heures, la retravailler et la laisser à nouveau doubler de volume.

Retravailler la pâte puis l'étaler en rectangle jusqu'à 2 cm d'épaisseur. Découper des ronds à l'aide d'un emporte-pièce de 8 centimètres. Laisser reposer et doubler de volume.

Dans une cocotte, faire chauffer l'huile, puis faire dorer les dampnudel sur chaque face. Ajouter 10 cl d'eau et laisser cuire 4 minutes.

Salade de pommes de terre

Préparation : 20 min
Cuisson : 20 min

Ingrédients pour 6 personnes

- *1,5 kg de pommes de terre fermes de taille moyenne (type charlotte)*
- *150 g d'oignons*

Pour la vinaigrette

- *1 cuillère à soupe de moutarde condiment*
- *1 jaune d'œuf*
- *3 cuillères à soupe de vinaigre*
- *6 cuillères à soupe d'huile*
- *15 cl de vin blanc*
- *Sel, poivre*

Faire cuire les pommes de terre dans de l'eau avec 10 g de sel. Laisser tiédir.

Eplucher les oignons et les faire suer dans une cuillère à soupe d'huile.

Eplucher les pommes de terre puis les couper en rondelles.

Mélanger tous les ingrédients de la vinaigrette, ajouter les pommes de terre, les oignons. Mélanger puis servir.

Astuces : Ajouter du persil ou des olives.

Auteurs
Didier Roeckel et l'équipe du Restaurant de la Couronne d'Or à Scherwiller

Photographe
Frédérique Clément
www.fredclement.com

Maquette
I.D. Créations, Damien Schitter

Relecture
Marie Heckmann et Antoine Dounovetz

I.D. l'Édition
9, rue des Artisans - 67210 Bernardswiller
Tél. : 03 88 34 22 00 - Fax : 03 88 34 26 26
id.edition@wanadoo.fr - www.id-edition.com

ISBN : 978-2-915626-92-6
Impression : Arti Grafiche (Pomezia)
juin 2012